AF446985

**Les éditions Crayonas**

# Cahier de coloriage

## Pompiers

# Ce cahier appartient à

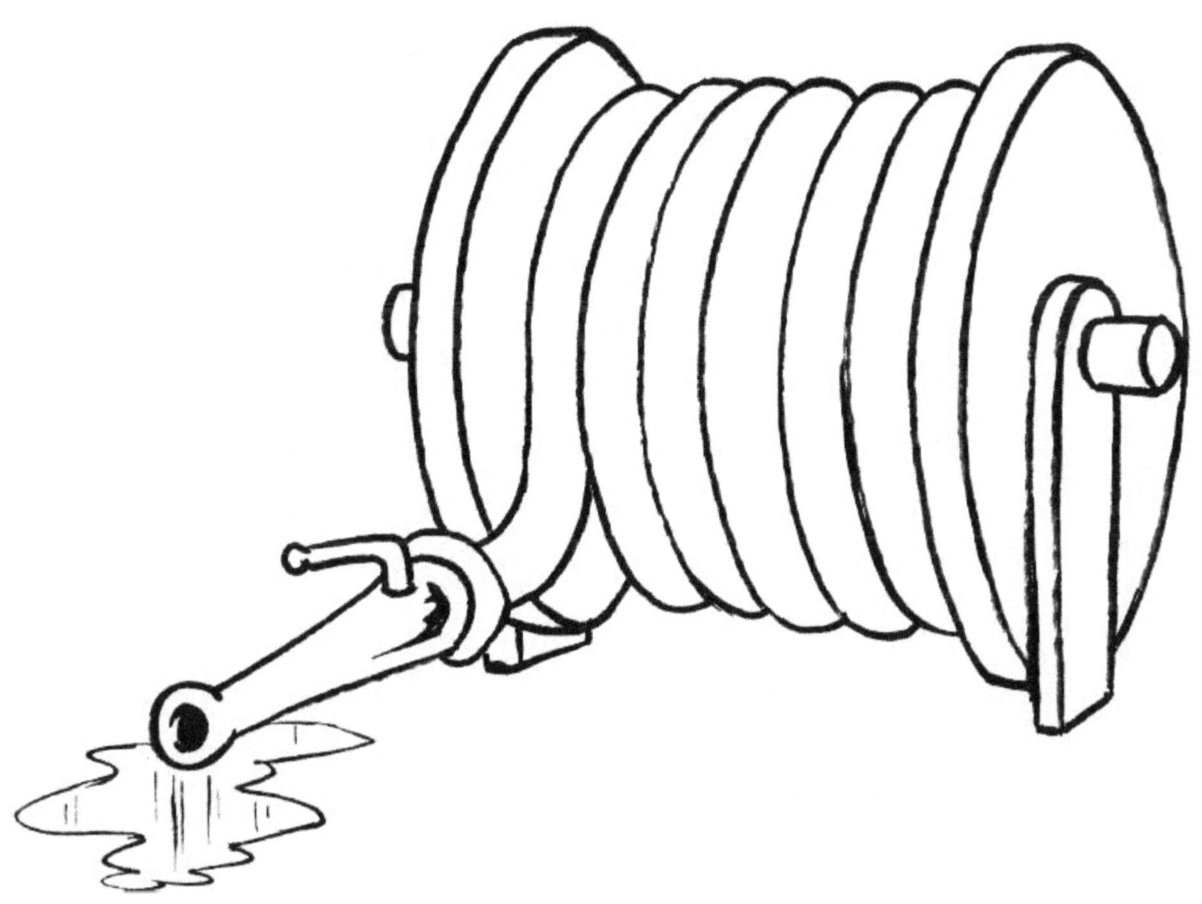

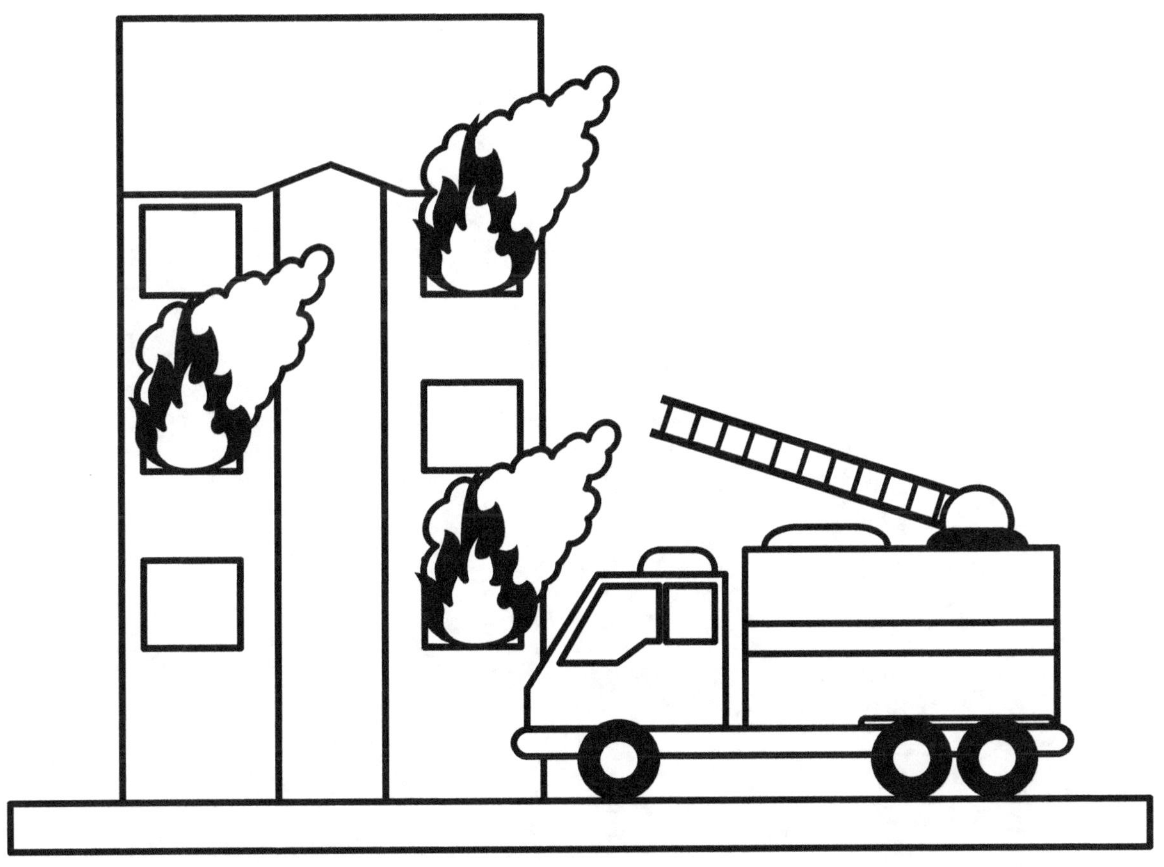

AMBULANCE

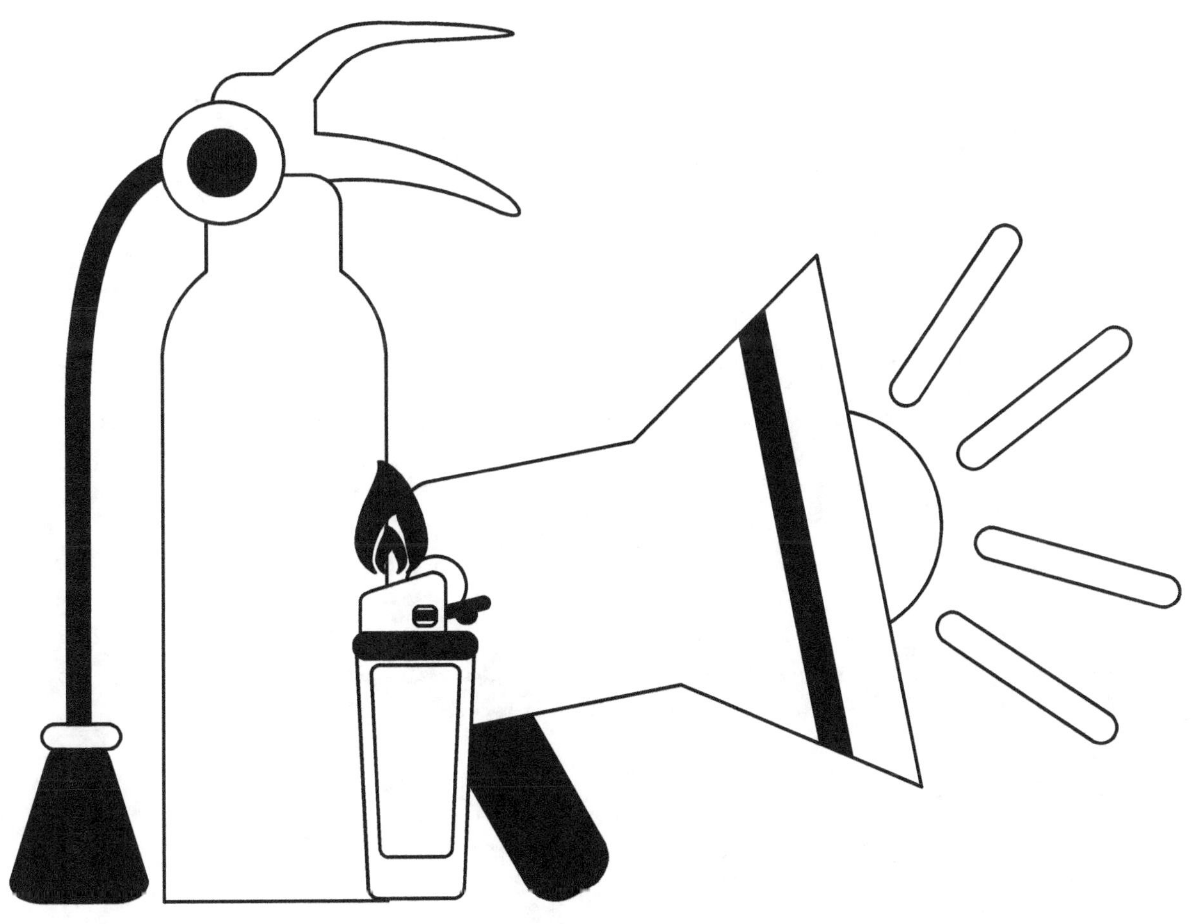

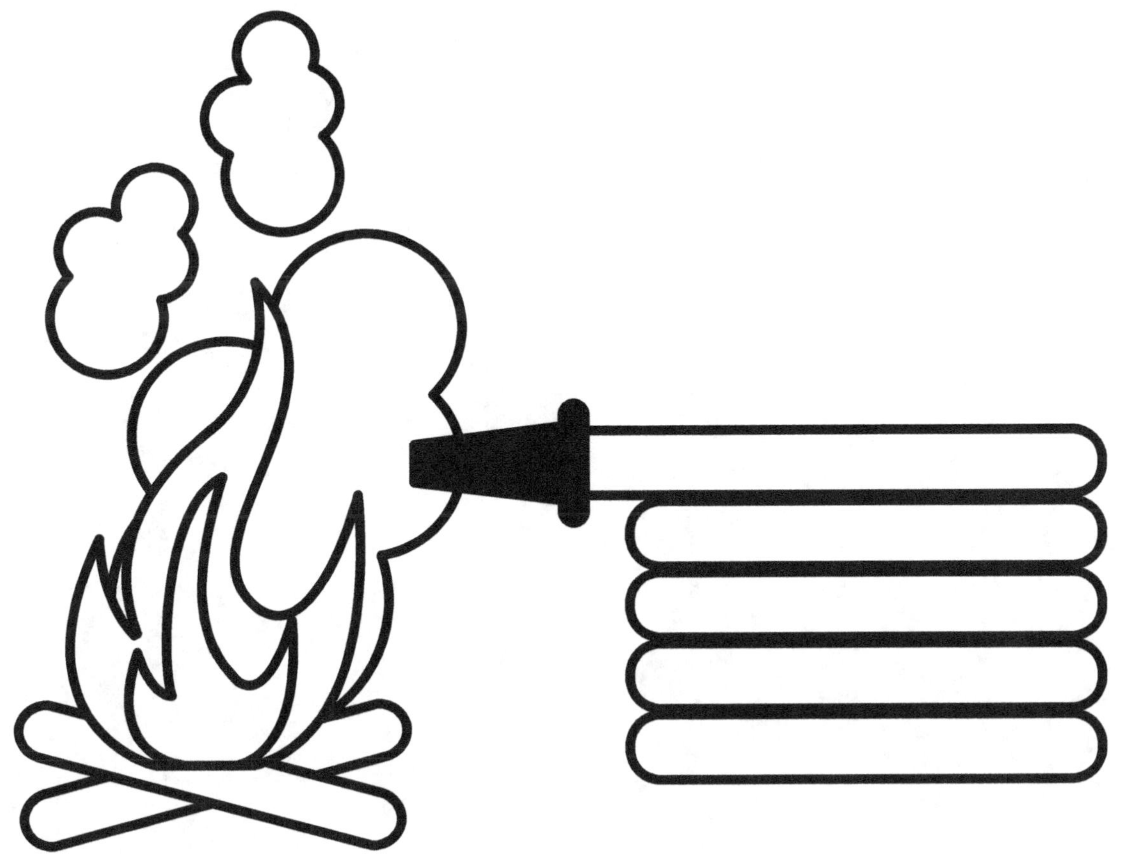

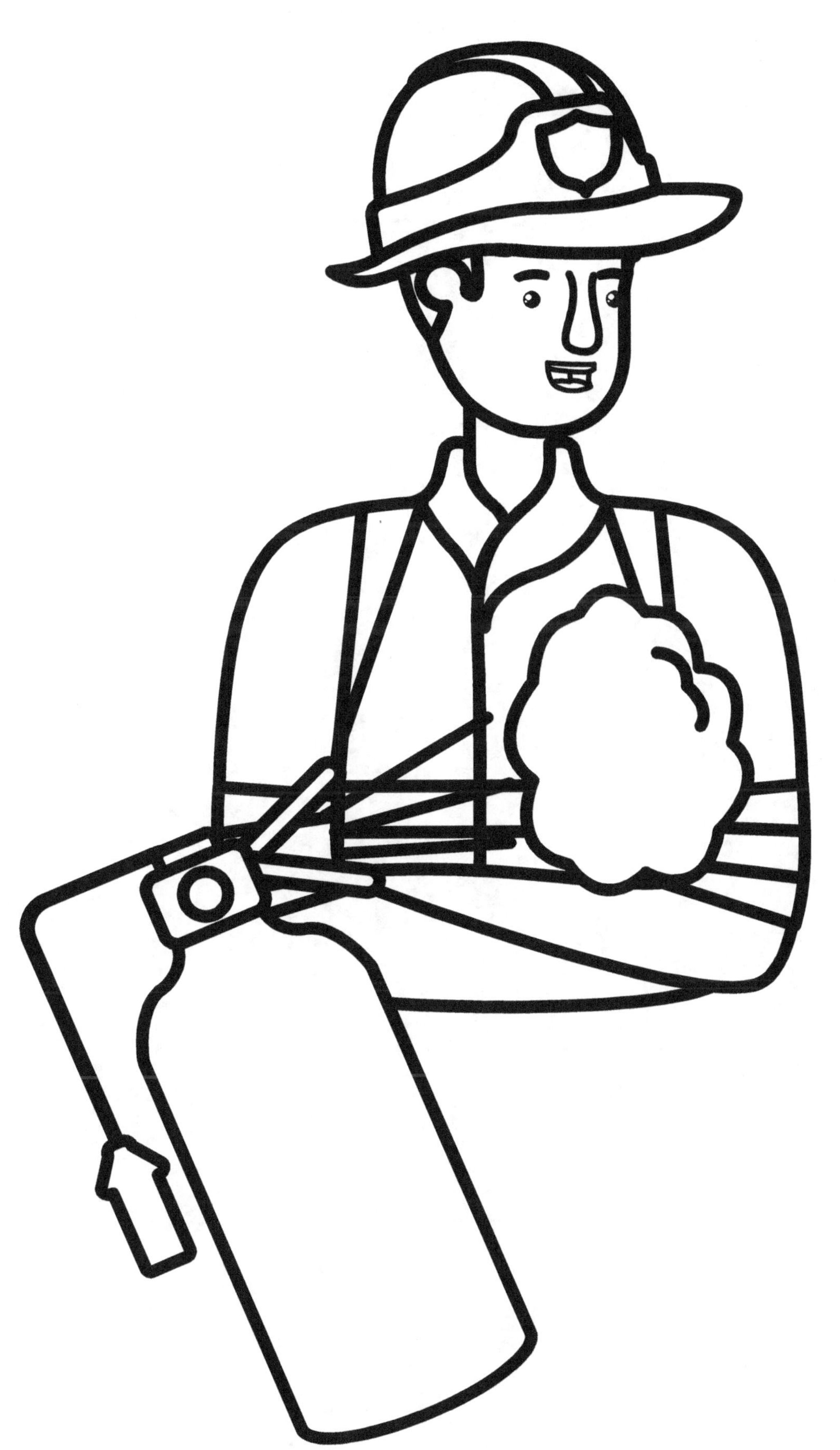

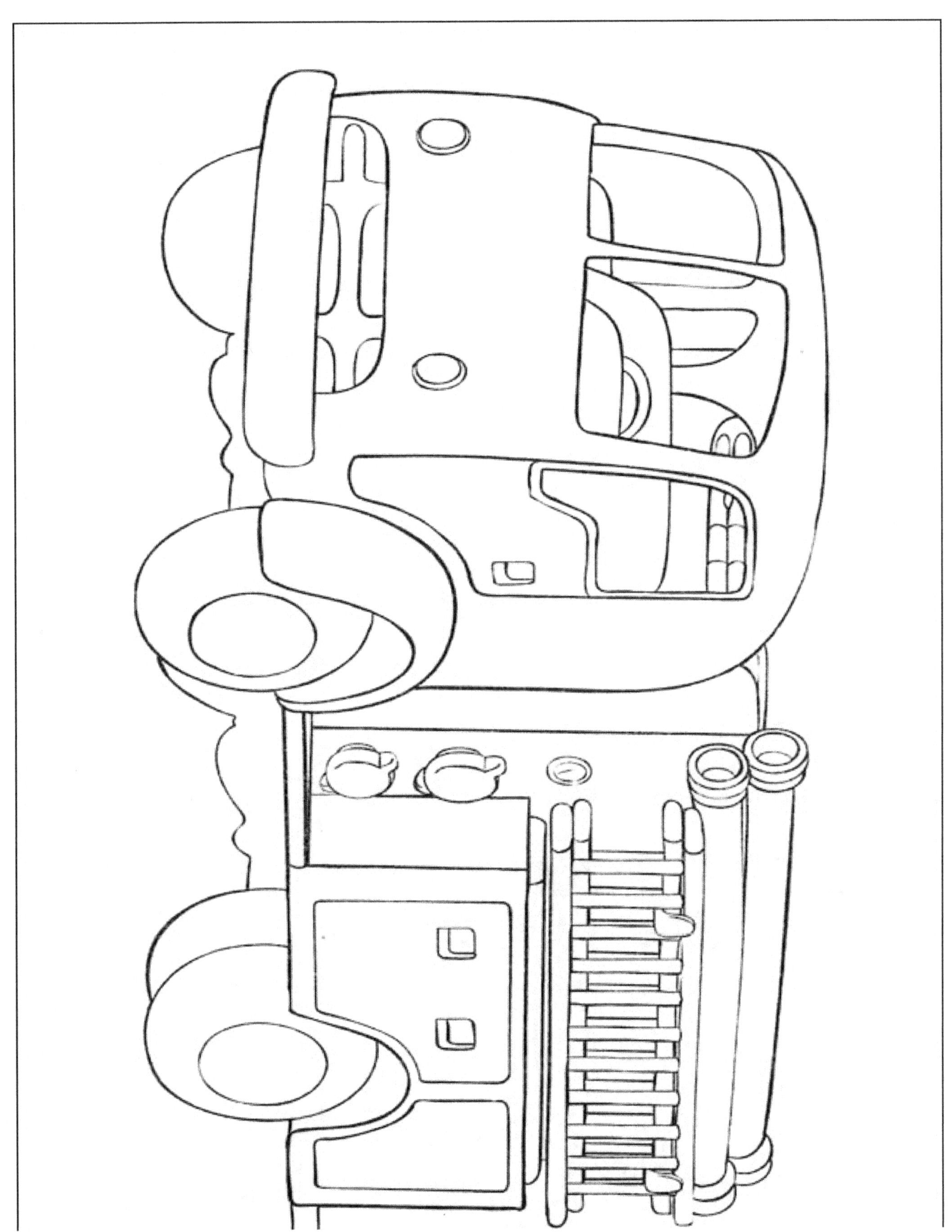

www.ingramcontent.com/pod-product-compliance
Lightning Source LLC
Chambersburg PA
CBHW081227130726
47997CB00009B/2799